MAZAS

ÉTUDE

SUR L'EMPRISONNEMENT INDIVIDUEL

PAR

CH. BERRIAT - SAINT - PRIX
Conseiller à la Cour Impériale de Paris

PARIS

COSSE ET MARCHAL, LIBRAIRES DE LA COUR DE CASSATION

27, Place Dauphine, 27

—

1860

MAZAS

PARIS IMPRIMERIE DE DUBUISSON ET C', RUE COQ-HÉRON, 5

MAZAS

ÉTUDE

SUR L'EMPRISONNEMENT INDIVIDUEL

PAR

CH. BERRIAT - SAINT - PRIX

Conseiller à la Cour Impériale de Paris.

PARIS

COSSE ET MARCHAL, LIBRAIRES DE LA COUR DE CASSATION

27, place Dauphine, 27

1860

MAZAS

ÉTUDE

SUR L'EMPRISONNEMENT INDIVIDUEL

Sur un boulevard intérieur de Paris, près de la gare du chemin de fer de Lyon, est un vaste et sombre édifice, derrière de hauts murs d'enceinte qui n'ont qu'une ouverture : la grille d'entrée. C'est la maison d'arrêt de Mazas. Son seul aspect inspire la crainte ; son nom est une révélation affligeante. « C'est à Mazas, dit-on, à l'envi, que des hommes sont enfermés d'une façon barbare ; privés de la vue de leurs semblables ; presque ensevelis dans un tombeau ! C'est là qu'on perd la santé, qu'on devient fou, que l'on meurt suicide. Heureux d'en sortir avec une partie des forces de l'âme et du corps ! Mazas ! Comment un gouvernement, éclairé et humain, tel que le nôtre, peut-il conserver un pareil établissement ! »

Ces déclamations, répandues sans réflexion, accueillies sans examen par le public, n'ont pas ému la Magistrature de Paris, instruite du véritable état des choses. Personnellement, au Parquet du Tribunal de la Seine, à celui de la Cour impériale, j'avais pu les apprécier à leur valeur ; je connaissais la sollicitude vigilante de l'Administration à l'égard de tels objets; les rapports rassurans d'une commission éminente, qui, pendant près de deux ans, a exploré cette prison célèbre. Des visites multipliées, des investigations spéciales m'ont confirmé dans mon opinion ; elles ont fait plus : elles m'ont conduit à tracer l'histoire et la description de Mazas, avec la pensée d'essayer, par là, de dissiper une erreur devenue populaire; de montrer, surtout, aux hommes qui se trouvent sous la main de la justice, qu'un bonheur dans ce malheur, c'est d'être préservé du contact corrupteur des autres prisonniers; de vivre à part, sans danger pour la santé et l'intelligence; sans être privé des visites de ses parens et de ses amis; sous les influences salutaires de la solitude et de ses réflexions; des enseignemens de la religion, de l'étude et du travail; avec l'espoir, souvent réalisé, d'un amendement véritable !

Voici donc, sur Mazas, ce que j'ai vu par moi-même ou ce que m'ont appris des documens parfaitement authentiques.

Les premiers projets relatifs à la fondation de Mazas remontent à l'année 1833. Dès cette époque, on dut songer à reconstruire la vaste prison dite la *Grande Force*, établie, en 1780 (1), dans l'hôtel des ducs de la Force, rue du Roi-de-Sicile; d'abord destinée aux détenus pour dettes, et, plus tard, convertie en maison d'arrêt.

D'après un de ces projets, adopté, en 1836, par le Conseil général de la Seine, la nouvelle Force, élevée dans le quartier Saint-Marcel, aurait compris huit bâtimens distincts, outre l'infirmerie. La détention y de

(1) Déclaration du 24 août 1780.

vait être subie, en commun, par catégories. Mais, déjà,
le gouvernement, dont l'attention avait été éveillée
par d'importans travaux sur la matière, par ceux,
entre autres, de M. Bérenger (1), avait mis à l'étude
un projet de loi sur l'emprisonnement individuel. Le
Ministre de l'intérieur arrêta, au commencement de
1837, « que la détention préventive serait subie dans
un isolement complet. » Un nouveau plan fut dressé,
en conséquence, et, après de nouvelles études, le Conseil général de la Seine décida, le 16 octobre 1840,
« que la prison de la Force serait remplacée par une
maison d'arrêt soumise au régime de l'isolement complet. » Cette décision venait après la présentation aux
Chambres (mai 1840) du premier projet de loi sur la
réforme des prisons (2) ; elle était fondée sur des considérations que je crois devoir reproduire :

« Considérant que l'emprisonnement cellulaire est, aux
yeux du Conseil, le remède le plus efficace au déborde-
ment de corruption qu'engendre l état actuel des prisons;
le régime auquel il convient de soumettre le coupable
pour commencer l'œuvre de sa moralisation;

» Considérant qu'en isolant le détenu de ses compagnons, en lui laissant seulement la faculté de communiquer avec les personnes qui peuvent influer utilement
sur lui, soit par leurs conseils et leurs enseignemens, soit
par les souvenirs de famille et les sentimens d'affection
qu'elles réveillent dans son cœur;

» Qu'en ne lui permettant pas de combiner ses efforts
avec ceux de ses co-détenus pour s'évader ou se révolter,
ce système est le seul qui soit compatible avec les adoucissemens que l'humanité est portée à introduire dans les
prisons; que c'est aussi le seul qui puisse ramener au

(1) Depuis président à la Cour de cassation. *Mémoire
lu à l'Académie des sciences morales et politiques, sur le système pénitentiaire, etc.,* en juin et juillet 1836 ; in-8, 1837.

(2) *Moniteur* du 10 mai 1840, page 1001.

bien, sinon la généralité, au moins une partie des détenus, par l'habitude du travail, par le sentiment religieux
qu'inspire la solitude, et sans que la voix de la conscience
risque d'être étouffée par les discours, le geste ou les re-
gards de l'homme perverti ;

» Que l'emprisonnement avec la vie commune procu-
re aux malfaiteurs le lieu et le temps de concerter leurs
entreprises criminelles et de s'assurer des complices parmi les compagnons et les témoins de leur infamie ;

» Considérant que le système cellulaire réunit aujour-
d'hui le suffrage presque unanime de ceux qui se sont
occupés, au point de vue pratique, de l'amélioration des
prisons ;

» Le Conseil décide, etc. »

Les travaux de la nouvelle maison d'arrêt, dirigés
par MM. les architectes Lecointe et Gilbert, ce dernier membre de l'Institut, commencèrent en 1841, sur
de vastes terrains longés par le boulevard Mazas, qui
a donné son nom à l'édifice.

En janvier 1844, pour recueillir de nouvelles lu-
mières, le préfet de police envoya, en Angleterre, un
inspecteur général des prisons de la Seine. Ce fonctionnaire y visita dans tous leurs détails plusieurs pé-
nitenciers cellulaires, entre autres celui de Pentonville,
où, plusieurs fois, il fut accompagné par le vénérable
duc de Richmond, pair d'Angleterre, et où son esprit reçut l'impression la plus vive et la plus favorable.

Cependant le projet de loi sur les prisons semblait
suivre le progrès de l'édification de Mazas. Le 18 mai
1844, après de solennelles discussions, il était adopté
par la Chambre des députés (1). Il consacrait, pour
« les prévenus et accusés, etc., » le système de « l'isolement, de jour et de nuit, entre les prisonniers. » —

_____

(1) *Moniteur* du 19 mai 1844, page 419.

Le Gouvernement le soumit ensuite à la Cour de cassation et aux Cours royales. La Cour suprême et vingt-trois Cours royales, sur vingt-sept, approuvèrent cet isolement ; vingt-deux Cours l'approuvèrent aussi pour les condamnés à un an de prison et au-dessous (1). — La Cour suprême déclara : « que l'emprisonnement individuel, tel qu'il était appliqué par le projet aux inculpés, prévenus et accusés, loin d'empirer les conditions actuelles de l'emprisonnement préventif, était, au contraire, en meilleure harmonie avec les règles de la morale, les conseils de l'humanité et la prévoyante administration d'une bonne justice ; que l'intervention du pouvoir législatif, sauf les mesures financières, ne paraissait point indispensable, pour organiser, d'après le système du projet, les maisons d'arrêt et de justice ordonnées par les art. 603 et 604 du Code d'instruction criminelle » (2). — Enfin, à la Chambre des pairs, une commission de quatorze membres, après un mûr examen, donna, le 24 avril 1847, son assentiment au projet de loi, par un très remarquable rapport de M. Bérenger (3).

A la fin de 1849, Mazas était achevé. Le terrain, de plus de trois hectares, les constructions, les aménagemens avaient coûté environ 5,000,000 de francs.

La translation des détenus de la Force, au nombre de près de 700, et leur installation dans la nouvelle prison eurent lieu la nuit du 19 au 20 mai 1850.

Mais ce n'était plus, pour la Préfecture de police, un essai tout nouveau et, par là, redoutable ; des

---

(1) *Observations sur le projet de loi sur les prisons, etc.* Paris, Imprimerie royale, 1845 ; in-4 de 674 pages.

(2) *Ibidem*, page 57.

(3) *Moniteur* du 1er mai 1847, page 1006. Réimprimé à part, en 1847 ; in-8 de 170 pages.

épreuves décisives l'avaient rassurée sur le succès de cette grande entreprise.

Depuis environ dix ans, le régime de l'isolement était appliqué dans la maison centrale d'éducation correctionnelle dite *la Roquette*, qui renferme une population d'au moins 450 jeunes détenus âgés de 10 à 20 ans. Le préfet de police, après des essais répétés, avait, de janvier 1838 à janvier 1840, fait graduellement convertir cette maison en cellules. Ce changement radical avait eu la plus heureuse influence sur les détenus, tant sous le rapport sanitaire que sous le rapport moral ; les récidives, notamment, avaient diminué de *plus de moitié* (1).

En 1850, on plaça préalablement à Mazas une cinquantaine d'indigens empruntés au dépôt de Saint-Denis, et leur séjour ne donna lieu à aucune plainte.

Enfin, l'un des membres de la commission dont je vais parler avait voulu expérimenter la cellule ; il s'y était enfermé pendant deux jours, et il en était sorti frais et dispos.

Après l'installation des détenus, le préfet de police chargea « d'examiner les conditions physiques et morales de la prison cellulaire de Mazas, » une Commission composée de douze personnes considérables, parmi lesquelles étaient : MM. Moreau, conseiller à la Cour de cassation ; Lélut et Regnault, membres de l'Institut ; Guérard, médecin à l'Hôtel-Dieu ; Paillard de Villeneuve, avocat à la Cour impériale.

Cette Commission adressa au préfet trois rapports étendus : le 30 juillet 1850, le 31 mai et le 1er août

____

(1) *Huit rapports du préfet de police au ministre de l'intérieur sur la maison centrale d'éducation correctionnelle,* pendant les années 1838 à 1849. Paris, 1851 ; in-4° de 104 pages.

1852, où étaient signalées , touchant le bien-être des détenus, l'instruction religieuse, la lecture, le travail, diverses améliorations que l'Administration a pu graduellement opérer.

Dans tous ces rapports, qui ont été imprimés (1), la Commission concluait au maintien de la cellule, et faisait ressortir, de l'aveu même des détenus , les avantages de l'emprisonnement individuel ; elle allait plus loin , et exprimait le vœu que les bienfaits de l'isolement fussent étendus aux prisons pour peines (2).

Dix années se sont écoulées depuis. C'est de Mazas, sorti de toutes ces épreuves , que j'entreprends maintenant la description. Je demande grâce pour quelques détails minutieux qui m'ont paru nécessaires pour bien faire comprendre la véritable situation des détenus dans cette prison.

DESCRIPTION DE MAZAS.

La prison de Mazas n'a qu'une seule entrée sur le boulevard du même nom, fermée de deux portes. Quand on a franchi la première, ouverte pendant le jour, on traverse un premier guichet, et l'on pénètre dans une cour carrée. A droite est l'entrée de la cour des cuisines, puis la salle d'attente pour le public ; à

(1) Paris, 1852; in-4° de 60 pages.

(2) *Ibidem*, page 46. — C'est l'opinion inébranlable de M. le président Bérenger, motivée dans son œuvre magistrale intitulée : *De la répression pénale en France, etc.*; 2° édition, 1855; 2 vol. in-8.

gauche le corps de garde et le magasin ; en face, le bâtiment de l'administration, où se trouvent :

Au rez-de-chaussée, un vestibule, précédé du deuxième guichet ; le greffe et le cabinet du directeur ; la paneterie ; les cellules dites d'*attente*, au nombre de trente-deux ;

Et, dans les étages supérieurs, les logemens du directeur, des aumôniers, des greffiers, des brigadiers et du pharmacien.

Le second guichet et le vestibule franchis, on est dans le *chemin de ronde*, d'une largeur moyenne de dix mètres et de près d'un kilomètre de long. C'est là, aux angles formés par le mur d'enceinte, que sont placés six factionnaires de la ligne, qui, le jour et la nuit, surveillent l'extérieur du pénitencier, et qui, tous, peuvent s'apercevoir et s'entendre.

Après ce chemin, on monte quelques marches, on traverse le troisième guichet, et l'on se trouve dans la prison cellulaire, dont l'ensemble général est magnifique de grandeur et de simplicité. Elle se compose de six corps de bâtimens égaux qui aboutissent, en forme d'éventail, à une chapelle en rotonde, d'un aspect monumental. Au milieu de cette rotonde est, au rez-de-chaussée, dans une lanterne vitrée, le *bureau* affecté au service de surveillance et d'où l'on découvre tout l'intérieur de l'établissement. Le dos tourné au guichet, on a en face de soi quatre galeries ou divisions, les n°s 2, 3, 4, 5 ; on aperçoit également bien les deux autres, n°s 1 et 6, en tournant légèrement la tête à gauche et à droite.

Les colonnes du bureau supportent l'autel de la *chapelle* situé de manière que les 1,200 détenus de la maison puissent, de leurs cellules, apercevoir le prêtre officiant.

Chacun des six bâtimens comprend un rez-de-chaussée et deux étages, et contient **210** cellules, qui donnent sur une galerie intérieure de **80** mètres de long sur 3 mètres 50 centimètres de large et **12** mètres 50 centimètres de haut. Aux étages règne, le long des cellules, un balcon de **1** mètre avec une balustrade en fer.

Les *cellules* s'ouvrent sur le rez de-chaussée ou sur les balcons des galeries.

Chacune porte un *numéro* d'ordre, auquel correspondent toutes les écritures de la maison : livres *indicateurs* du bureau central, *registres* du greffe, etc.

Sur la porte de chacune sont deux *plaques* mobiles, dont les mentions, nettes et concises, indiquent la présence ou les absences réglementaires du détenu.

A 'a porte sont deux gâches, l'une extérieure, l'autre intérieure, au moyen desquelles, par la serrure à demeure sur le jambage, on ferme tout à fait, ou bien l'on entr'ouvre les cellules lors du service divin.

Les ouvertures des cellules rayonnent vers la chapelle, de sorte que les portes s'ouvrent à droite ou à gauche, suivant le côté de la galerie.

Par un *guichet*, dans la porte, on passe au détenu sa nourriture, son eau, etc. ; par un petit *judas*, on le surveille.

Une cellule simple a **20** mètres de capacité ; mais son volume d'air est incessamment renouvel · par un système puissant de *ventilation*.

Chaque cellule est éclairée: le jour, par une fenêtre que le détenu ouvre à volonté ; la nuit, jusqu'à neuf heures du soir, par un bec de gaz.

Elle reçoit de l'air chaud, du **15** octobre au **15** mars.

Dans chacune il y a des tablettes en bois, et un siège d'aisances inodore.

Le mobilier s'y compose : d'une table fixée au mur,

d'une chaise, d'un hamac garni de sa literie, d'un petit pot, d'une cuiller de bois et d'un bidon.

Aux murs sont affichés quatre placards :

Avis sur les dégradations aux murs, mobilier, li-
vres ;
Liste du mobilier d'une cellule de malade ;
Extrait du règlement concernant les détenus ;
Almanach de l'année, accompagné d'instructions
religieuses.

Pour communiquer avec les surveillans, le détenu a,
sous la main, à toute heure, un *indicateur* en fonte
qui, par le jeu d'une corde, s'abat de la cellule dans la
galerie, où il est instantanément aperçu et même en-
tendu. A cet appel, le surveillant se rend aussitôt au-
près du détenu, écoute sa demande et y fait droit, à
moins que le règlement ne s'y oppose.

Aménagemens et dépendances. — Outre la partie de
l'établissement affectée au logement des détenus, il y
a des aménagemens intérieurs, des dépendances très
importans et que j'aimerais à décrire si les bornes de
ce travail me le permettaient :

Les Gazomètres où se fabrique le gaz qui éclaire
toute la prison ;
Les Chaudières à vapeur qui lui fournissent la cha-
leur ;
La Cheminée d'aérage, combinée avec un système
ingénieux, dû à M. Grouvelle, et opérant une ventilation dans les cellules, qui fournit à chaque détenu
un volume d'air neuf de 15 à 20 mètres cubes par
heure ; renouvellement que les personnes riches n'ob-
tiennent pas dans leurs logemens spacieux ;

Les Cuisines, reliées à la prison par un petit chemin de fer souterrain et un système de treuils, qui
permettent d'effectuer la distribution des vivres, à
tous les détenus, en *huit minutes* ;

La Paneterie, la Cantine ;

Les Promenoirs individuels, à ciel ouvert, au nombre de **100** ;

Un système de distribution de l'*eau* qui fournit
chaque bâtiment et chaque étage ;

Les Cabinets de bain, au nombre de **13** ;

Les Parloirs cellulaires, au nombre de **49** ;

Les cellules Infirmeries, situées au rez-de-chaussée, où chaque détenu malade est soigné à part ;

La Pharmacie et son laboratoire ; le cabinet du Médecin ;

Le cabinet des Juges d'instruction ;

La Bibliothèque, déjà riche de plus de **4,000** volumes ;

La Lingerie ; les Magasins ;

Le Soufroir, où les vêtemens suspects des détenus
arrivans sont désinfectés ;

Enfin, le Corps de garde du poste de la ligne.

Venons au personnel de l'Administration, au budget
et au règlement de la maison :

Le personnel de l'Administration et de la surveillance de Mazas comprend :

Un directeur (M. Lalou, depuis le **10 mars 1859**) ;

Trois aumôniers (MM. Jouvant, Lombard, Rol-
land) ;

Un médecin (M. Jacquemin) ;

Un infirmier-pharmacien ;

Quatre commis-greffiers ;

Un brigadier;

Sept sous-brigadiers;

Soixante-deux surveillans-gardiens;

Une fouilleuse;

Une lingère;

Plus des auxiliaires (1), savoir :

Deux barbiers;

Quatre commissionnaires;

Soixante détenus environ, attachés aux services de la propreté et de la cuisine, et choisis parmi les prévenus de voies de fait qui n'ont pas d'antécédens judiciaires.

Enfin un poste de soixante hommes de ligne, commandés par un lieutenant.

Le budget des *dépenses* de Mazas, y compris les frais d'administration, varie de **350** à **380,000** fr. Sur une population moyenne de **1,100** détenus, le séjour d'un prisonnier coûte un peu moins de **300** francs par an, soit un peu plus de **82** centimes par jour.

Le *Règlement*, pour le service de la surveillance, cahier de 30 pages in-4, principalement destiné aux brigadiers, aux surveillans, aux auxiliaires de l'intérieur et du dehors, présente, dans une myriade de prescriptions, toutes utiles et parfaitement classées, le résultat de l'expérience des directeurs successivement placés à la tête de ce magnifique établissement.

Nous arrivons à la *vie* du détenu à Mazas.

(1) Les *cuisiniers*, les *gaziers* et les *chauffeurs* sont aux gages des entrepreneurs de la nourriture, de l'éclairage et du chauffage.

LA VIE DU DÉTENU A MAZAS.

Arrivée du détenu. — Les détenus ne sont placés à Mazas qu'en vertu d'un mandat décerné par un juge d'instruction, qui les a préalablement interrogés.

Ils sont amenés du *Dépôt* de la Préfecture de police par des voitures cellulaires qui s'arrêtent·dans la première cour.

Descendus isolément, ils entrent dans les cellules, dites *d'attente*, où ils restent jusqu'au moment où il a été possible de les écrouer au greffe.

Aussitôt après, une cellule ordinaire leur est affectée et leur nom est porté sur les livres *indicateurs* du bureau central de surveillance. Un de ces livres contient, par ordre alphabétique, les noms des détenus présens, avec le *numéro* de leur cellule. L'autre, tous les numéros des cellules de 1 à 1,220, avec les noms des détenus portés sur des fiches mobiles; un troisième registre, alphabétique, contient les noms des prisonniers entrés depuis le commencement de l'année, avec l'indication de leur destination ultérieure.

Les détenus sont ensuite dirigés vers l'intérieur de la maison.

Ils sont baignés avant d'entrer en cellule, et leurs vêtemens sont, au besoin, désinfectés dans le *soufroir*.

Le sous-brigadier de la division s'assure que les détenus ne sont porteurs d'aucun objet dangereux : armes, rasoirs, etc. Il ne laisse à leur disposition qu'une

2

somme de 15 francs ; le surplus est déposé au greffe et inscrit à leur nom sur un registre spécial.

Tout malade est placé dans une cellule infirmerie.

Cellules ; description. (V. plus haut.)

Dans la journée, les détenus arrivés reçoivent la visite :

1° Du directeur, qui les interroge, les place en surveillance s'il le juge utile, et veille par lui-même à ce qu'ils reçoivent, non-seulement des *livres*, mais un genre de *travail* approprié à leur position sociale ;

2° De l'un des aumôniers ;

3° De l'infirmier pharmacien.

On met, gratuitement, du papier, des plumes et de l'encre à la disposition des détenus qui ne peuvent faire cette dépense.

Les surveillans écrivent les lettres des prisonniers sans instruction. Ils leur lisent celles qui viennent du dehors ; le tout avec l'approbation du sous-brigadier.

Ils montrent aux détenus à s'installer dans leur cellule, à tendre leur hamac, etc.

Communications avec les surveillans. (V. plus haut.) — Pour obvier à l'influence des premiers momens d'isolement et de chagrin, on visite plus fréquemment les détenus dans les commencemens de leur séjour, et, à leur égard, s'opère, le jour et la nuit, une surveillance continuelle à l'aide du *judas* pratiqué dans la porte de la cellule. Ces mesures, réunies à la lecture et au travail, ont produit les meilleurs résultats. Au bout de quatre ou cinq jours, le détenu occupé s'acclimate, et la vie de la cellule lui paraît aussi supportable que peut l'être le séjour d'une prison.

Emploi de la journée. — Lorsque les surveillans sont arrivés le matin, à l'heure fixée par les règlemens, celui qui est de service au guichet du greffe sonne le réveil.

Tous les détenus se lèvent, s'habillent, roulent leur matelas dans leur hamac, et placent le tout, bien paqueté, sur la tablette à ce destinée ; puis ils balaient leur cellule.

Une demi-heure après, une seconde sonnerie annonce la distribution du pain et de l'eau, et l'expulsion des balayures.

Alimentation. — 750 grammes de pain rassis par jour.

A huit heures du matin, un demi-litre de bouillon maigre ou gras.

A trois heures, un tiers de litre de légumes cuits.

Deux fois la semaine, 100 grammes de viande cuite avec des légumes.

Les détenus peuvent, à leurs frais, se procurer un peu de vin et divers comestibles de la *cantine*, aux prix tarifés par le préfet de police.

Les malades sont nourris conformément aux prescriptions du médecin.

Propreté. — Chaque détenu a droit à un bain par mois.

Il est rasé une fois par semaine, et, en outre, lorsqu'il doit paraître devant le juge d'instruction ou devant le Tribunal.

La promenade a lieu tous les jours, à partir de neuf heures et demie du matin et dure une heure. Elle est suspendue au moment de la distribution des vivres de cuisine ; les lundis et vendredis, pendant les visites du dehors; le dimanche, pendant la messe.

Les détenus prennent cet exercice dans les promenoirs, au nombre de vingt par préau, aboutissant à un centre, dit *lanterne*, où est placé un surveillant.

Ils se rendent aux promenoirs et en reviennent au pas de course, autant que possible, et sans jamais s'apercevoir les uns les autres. Des surveillans échelonnés sur le chemin, qui, de la galerie, descend au préau, ne font sortir un prisonnier, soit de sa cellule, soit du promenoir, que lorsque le détenu précédent, ayant tourné un angle, se trouve hors de la vue.

L'usage du tabac est permis, sans limite, à tous les prévenus.

Le moment du coucher n'est pas fixé; seulement les détenus ne peuvent tendre leur hamac avant sept heures, en hiver, et huit heures en été.

La visite du médecin a lieu tous les jours, avant midi. Elle s'adresse aux détenus qui en ont fait la demande aux surveillans. Les prescriptions sont exécutées par l'infirmier pharmacien.

Service divin. — La messe est célébrée tous les dimanches et jours de grandes fêtes, à neuf heures du matin. Auparavant, les portes des cellules sont entr'ouvertes, ainsi que je l'ai déjà dit. L'office est chanté par une douzaine de détenus, qu'accompagne l'orgue touché par l'un d'eux. Quelquefois même on peut y joindre des instrumens à cordes. Les prisonniers assistent, en général, à l'office, avec recueillement.

Instruction religieuse. — Une fois par semaine, autant que possible, tous reçoivent les instructions et les

consolations des aumôniers. Ces visites sont parfaitement accueillies et même désirées par les détenus.
Il faudrait que ces visites de moralisation fussent
beaucoup plus fréquentes. Une association de personnes charitables et éclairées, formée dans ce but,
serait pour les prisons comme Mazas un immense
bienfait.

Lecture. — Chaque détenu reçoit tous les deux jours
un volume de la bibliothèque, approprié à son degré
d'instruction. Ce volume est renouvelé plus souvent si
la lecture du prisonnier est assidue.

La distribution des ouvrages dits de *faveur* et ceux
des collections religieuses est autorisée par le directeur.

La bibliothèque, cet indispensable et précieux auxi-
liaire de l'emprisonnement individuel, commence à
pourvoir, à Mazas, aux principaux besoins. Sur les
4,000 volumes dont elle se compose, 12 à 1,500 sont
continuellement en lecture. Les ouvrages le plus utiles, le plus goûtés, y sont répétés plusieurs fois. Il y a
quatre exemplaires de Walter-Scott, autant du *Magasin pittoresque* et du *Musée des familles*. Il y a aussi des
livres spéciaux destinés aux détenus de religions ou
de nationalités différentes : protestans, israëlites, Anglais, Allemands.

Outre les grands classiques français dont tous les
détenus n'ont pas la complète intelligence, la bibliothèque se compose principalement de livres de piété,
d'histoire, de voyages et même de romans, de ceux
du moins où la fiction n'est pas séparée de la morale.
Le plus grand nombre de ces derniers écrits, j'ai re-
gret à le dire, n'est pas dû en original à des plumes
françaises; ce sont des traductions d'auteurs anglais,

Walter-Scott, Cooper, Maryat, Dickens, Tackeray; ou allemands, Freytag, Mugge, qui ont su et qui ont *voulu* moraliser et plaire à la fois.

Nos livres de morale religieuse, quel que soit leur mérite, ne savent pas attirer le lecteur, et surtout le lecteur déchu ; et nos romans modernes, lorsqu'ils piquent la curiosité, ne cherchent que trop souvent les élémens de l'intérêt dans l'immoralité de l'intrigue, la perversité des personnages ou le cynisme des tableaux (1). Les romanciers français de nos jours ont une grande réhabilitation à entreprendre (2).

Le travail. — Mazas étant une maison d'arrêt et non une prison pour peines, le travail n'y est pas obligatoire ; mais le travail, on le sait, est la conséquence forcée de l'isolement, et il y a très peu de détenus qui n'en demandent pas. De son côté, malgré les inconvéniens de la cellule et la difficulté des circonstances, l'Administration est arrivée à occuper le plus grand nombre des prisonniers. Pour atteindre ce but si louable, il lui a fallu les plus persévérans efforts.

En effet, lors de l'ouverture de Mazas, la situation du pays n'était pas bonne. Le commerce et l'industrie étaient encore tout meurtris des ébranlemens politiques et sociaux de février. Le travail, dans les prisons, suspendu, le 24 mars 1848, par le gouvernement provisoire, n'avait pu commencer d'y être rétabli

(1) V. la circulaire de M. le ministre de l'intérieur du 1er juillet 1860, *Moniteur* du 6.

(2) V. le remarquable ouvrage de M. le conseiller Poitou, intitulé : *Du Roman et du Théâtre contemporains* ; couronné, en 1857, par l'Académie des sciences morales et politiques, 1858, in-18.

qu'en vertu de la loi du 9 janvier 1849. Mais alors, les entrepreneurs avaient pris parti ailleurs ; et, d'après cette loi, les produits du travail des détenus devaient être consommés par l'Etat , autant que possible ; il fallait une autorisation spéciale du Tribunal de commerce du lieu , pour pouvoir livrer sur le marché les objets laissés pour compte à l'entrepreneur de l'Etat, etc.

Aussi, en 1850, trois industries seulement étaient exploitées à Mazas : celles du cordonnier , du tailleur et du chaussonnier en lisières. Cent détenus sur mille y étaient occupés et gagnaient de 7 à 800 fr. par mois.

Vint le décret des 25 février-20 mars 1852, qui délivra le travail, dans les prisons, de ses entraves. Dans le courant de cette année, des graveurs, des dessinateurs purent, à Mazas, s'occuper à leur compte; l'entrepreneur y fit fabriquer des chaînes, trier des légumes secs ; le nombre des travailleurs arriva presque à trois cents.

En janvier 1859, les industries s'étaient multipliées; le nombre des ouvriers s'élevait à 450, dont le gain mensuel était de 16 à 1,700 fr.

Enfin, depuis le mois de janvier 1860, sous le directeur actuel, 800 détenus ont reçu des travaux et ont gagné environ 3,300 fr. par mois. Dans le nombre des travailleurs et dans la proportion de leur salaire, le progrès a été considérable.

Ainsi s'est trouvé heureusement résolu le problème du travail dans la cellule, une des plus fortes objections élevées contre l'emprisonnement individuel.

Aujourd'hui (juillet **1860**), **860** détenus sont journellement occupés par l'administration, savoir :

Chaîniers,	296
Trieurs de légumes secs,	130
Tresseurs de nattes en jonc,	80
Papetiers,	68
Encarteurs d'épingles,	60
Chaussonniers.	56
Cordonniers,	35
Gratteurs de baleine pour corsets,	30
Effileurs de charpie,	20
Tailleurs,	15
Polisseurs de pipes,	10
	800

A ce chiffre, il faut ajouter les **60** détenus employés au service de la propreté et des cuisines et qui reçoivent de la maison 6 fr. par mois ; si des **240** autres prisonniers, on défalque environ 60 malades ou indisposés et un certain nombre de détenus qui travaillent pour leur compte, il en restera bien peu d'inoccupés ; certains encore préférant la lecture ou l'écriture au travail des mains.

Visites du dehors. — Le lundi et le vendredi, les détenus reçoivent dans les parloirs ordinaires les visites de leurs parens ou amis autorisés par les juges d'instruction.

Celles dans les parloirs, dits de faveur, ont lieu le jeudi.

Dans les parloirs ordinaires les visites durent un quart d'heure ; **25** minutes dans les autres.

Les défenseurs communiquent avec les prévenus, tous les jours, dans une cellule spéciale de chaque division.

La population moyenne de Mazas est d'environ 1,100 détenus; 7,000 par an. Dans ce nombre figurent pour un cinquième, à peu près, des condamnés correctionnels admis à y rester. Il y en a constamment plusieurs dont la peine excède une année On verra bientôt que l'administration ne peut satisfaire à toutes les demandes des condamnés. A part les instructions dont les difficultés ou les proportions sont hors ligne, la durée moyenne du séjour des prévenus à Mazas n'est pas d'un mois.

Discipline , surveillance. —Les punitions infligées à Mazas sont les suivantes, selon la gravité des manquemens ou des fautes :

La privation de la promenade ;
La mise au pain et à l'eau ;
La privation du hamac ;
La privation du travail;
La cellule de punition.
Cette cellule est sombre, dépourvue de siége, de table et de hamac, mais le sol en est planchéié.

Au reste, ces punitions sont très rarement appliquées; il se commet peu d'infractions, même de la part des détenus appartenant à la classe la plus indisciplinée.

Les prévenus de crimes très graves sont placés en un quartier distinct, dans des cellules doubles, que partagent avec eux deux surveillans de jour et de nuit, de sorte qu'une simple tentative de suicide devient impossible.

Chemin de ronde, Cellules, Promenoir. (V. plus haut.)

Service de nuit. — Un sous-brigadier et douze surveillans sont de service chaque nuit, tous chaussés de
façon à ne faire aucun bruit en marchant. Ils surveillent l'intérieur des galeries et des cellules, de manière à ne pas troubler le sommeil des détenus, l'intérieur des bâtimens, et s'assurent que les factionnaires
de la ligne ne sont pas endormis, etc.

MAZAS JUGÉ PAR LES DÉTENUS.

Voilà Mazas.

Je puis, maintenant, ce me semble, m'adresser aux
hommes sérieux et sincères, et leur demander s'il est
possible à la prévoyance la plus éclairée, la plus hu-
maine, je dirai, la plus paternelle, de faire davantage
pour les détenus, et si, à part la liberté, que l'on n'at-
tend pas d'une prison, je le suppose, et les communications personnelles que LA NÉCESSITÉ INTERDIT, nous
n'avons pas, en France, des millions d'ouvriers, de la
culture ou de l'industrie, qui, de leurs sueurs, recueil-
lent moins de bien-être?

Aussi les détenus que, dans le monde, l'on regarde
comme dignes de tant de pitié, ont dû manifester, dès
les commencemens de Mazas, des impressions toutes
favorables à ce régime, et que la Commission d'examen avait recueillies à plusieurs reprises. Voici les
termes mêmes de ses rapports à cet égard.

(20 juillet 1850). « Tous les détenus interrogés, parmi
ceux qui n'avaient jamais vécu dans les prisons, ont

déclaré qu'ils préféraient être soumis au régime cellulaire plutôt que d'être confondus avec les autres prisonniers. Le motif de cette préférence est pour tous
le même : ce régime les met à l'abri de tout contact
avec des hommes qui pourraient plus tard exploiter
contre eux le souvenir d'une captivité commune ; il
leur permet, en cas d'acquittement, de laisser ignorer
leur passage dans la prison. Il y a eu sur ce point una-
nimité, si ce n'est de la part des détenus politiques,
qui, tout en déclarant que le régime de l'isolement
était excellent pour les détenus de droit commun, se
sont plaints de ne pouvoir communiquer entre
eux (1). »

(31 mai 1852) « Après une année nouvelle d'expéri-
mentation, les membres de la Commission qui ont pu
se mettre fréquemment en rapport avec les détenus,
constatent que les réponses sont les mêmes et que
l'adhésion au nouveau système est à peu près unanime.

» Les impressions des récidivistes sont différentes.

» Les anciens réclusionnaires, les anciens forçats
n'hésitent pas à répondre qu'ils préfèrent la vie en
commun au régime de l'isolement, et la plupart d'entre eux demandent instamment à être transférés dans
une prison pour peines; plusieurs déclarent qu'ils ac-
cepteraient une captivité d'une durée double, même
au bagne, avec la communauté de la vie.

» Cette impression des condamnés endurcis et des
récidivistes est un argument grave en faveur du système cellulaire appliqué aux maisons de détention
pour peines. Il est évident, en effet, que l'isolement,
indépendamment de l'influence qu'il peut avoir sur

(1) Rapport de la Commission, etc. — **1852**, p. **15**.

l'amendement du coupable, offre, au point de vue de l'intimidation, un caràctère plus sérieux et plus efficace. Toutefois, ceux-là même qui déclaraient leurs préférences pour la vie en commun n'hésitaient pas, pour la plupart, à ajouter que si, dès leur début dans la carrière où ils s'étaient si fatalement engagés, ils n'avaient pas été livrés à la dangereuse promiscuité des prisons, ils n'auraient pas été poussés à la récidive.

» L'un d'eux nous disait, et voici ses paroles, qui ont une énergie significative :

« J'ai été dans les maisons centrales ; j'ai été dans » les bagnes; je vais en avoir encore pour vingt ans... » Ma première condamnation a été de huit jours de » prison; j'avais dix-huit ans... S'il y avait eu alors » un *Mazas*, je ne serais pas où je suis » (1).

Depuis 1850, environ 73,000 individus ont séjourné à Mazas. Les impressions des détenus à l'égard de la vie cellulaire n'ont pas changé. Tous, sans doute, n'en goûtent pas les justes sévérités; mais les plus opposés à ce régime sont toujours les récidivistes; et quant aux autres prisonniers, chaque jour la Préfecture de police reçoit plusieurs lettres des condamnés correctionnels qui sollicitent, comme une *faveur*, leur maintien à Mazas. Voici des exemples, pris au hasard, de ces sortes de demandes :

Le 18 juin 1860, un des condamnés écrivait dans ce but à M. le préfet de police. Le 27 juin, trouvant que

(1) Même rapport, p. 35,36.

l'autorisation se faisait attendre, il renouvelait sa prière avec une grande insistance.

Le 22 mai, un autre condamné adressait la lettre suivante toute de sa main :

« Monsieur le préfet,

» Excusez-moi, si, pauvre prisonnier, je m'adresse à votre générosité, pour vous prier de m'accorder la grâce de finir le temps que j'ai à faire à la prison de Mazas.

» Car je crains qu'étant transporté dans une autre maison, les bonnes résolutions que j'ai prises ne s'évanouissent par le contact et le rapport que je pourrais avoir avec d'autres détenus, et alors la leçon que je reçois en ce moment ne me serait pas profitable, si je sortais de la prison plus méchant que j'y suis entré. »

Voilà comment la meilleure partie des détenus juge Mazas ; devra-t-on s'inquiéter du sentiment des corrompus et des endurcis (1) ?

A présent je viens, et j'ai hâte, aux objections les plus graves dont cette prison a été l'objet, et aux avantages immenses, incontestables, qu'elle présente sur celles où les détenus sont enfermés en commun.

(1) J'ai sous les yeux une pièce de vers, intitulée : *Les Agrémens de Mazas*, épître d'un reclus (2 juillet 1860), dans laquelle un détenu, dont je tairai le nom, peint avec beaucoup de vérité, parfois même avec sentiment, la vie prisonnier dans cette maison.

OBJECTIONS ADRESSÉES A MAZAS.

Les objections adressées à Mazas sont toutes graves. On lui a reproché et au régime de la cellule, d'être la cause d'un grand nombre de maladies mortelles, de cas de folie, de suicides ; d'accroître sans mesure la rigueur de la détention préventive ou correctionnelle établie par nos lois.

Examinons successivement ces reproches et pénétrons dans la vérité des faits, vérité inconnue de la plupart des contempteurs de Mazas, adversaires du système de l'emprisonnement individuel.

Maladies mortelles. — Ici, d'abord, je laisse parler la Commission d'examen :

« Sous le rapport physique, l'état de santé des prisonniers détenus à Mazas est aussi bon que possible et beaucoup plus satisfaisant qu'il ne l'a jamais été à la Force.

» Les maladies, tant aiguës que chroniques, y sont moins nombreuses ; il en est de même des décès qui en sont parfois la conséquence. Ainsi, depuis que l'administration est entrée en possession de l'établissement, c'est-à-dire depuis le 20 mai 1850 jusqu'au 20 mai 1852, on ne compte que 25 décès causés par ces maladies, dont 2 seulement par des affections aiguës et 11 par la phthisie pulmonaire. Or, si l'on établissait le chiffre des décès de Mazas comparé à celui de la Force, d'après le rapport de la population des deux éta-

blissemens, il ne devrait pas y être inférieur à **56** au
lieu de **25**. A la Force, au contraire, de **1840** à **1847**
inclusivement, le chiffre des décès, en groupant les
années deux par deux, a été de **32** pour minimum, et
de **54** pour maximum, tandis qu'en établissant le chiffre proportionnel à la population moyenne, ci **659**, il
aurait dû se maintenir entre **15** et **16** décès annuels (**1**).»

Pendant les années **1853** à **1859**, le chiffre moyen
des décès à Mazas a été un peu plus considérable : **17**
et une fraction ; ce nombre, eu égard à la population,
est encore, on le voit, singulièrement inférieur à celui
des décès de la grande Force.

Maladies contagieuses. — Après les maladies mortelles viennent les maladies contagieuses. « D'autres affections, dit encore la Commission (**2**), conséquences
inévitables de la libre communication des détenus dans
les prisons en commun, ont disparu à Mazas. Nous
voulons parler de la gale et d'une autre maladie hon-
teuse, dans laquelle la contagion morale est encore
plus hideuse que la contagion physique. Pour cette
dernière, l'isolement des détenus a détruit le vice
dans sa racine. Quant à la gale, ceux des prisonniers
qui en sont atteints à leur arrivée sont promptement
soumis à un traitement efficace, et leur mal s'éteint
en eux, sans avoir pu se propager. »

Cas de folie. — « Quant aux cas d'aliénation mentale, dit encore la Commission, ils sont, d'après les documens qui nous ont été fournis, dans une proportion
notablement inférieure à ceux que signalent les états

(1) Rapport de la Commission, etc., p. **33**.
(2) *Ibidem*, p. **33** et **34**.

relevés dans les prisons en commun. Ainsi, du 30 mai 1850 au 24 mai 1852, sur une population flottante de 12,542 détenus, il y a eu, à Mazas, 9 cas constatés d'aliénation mentale (soit 4 1/2 par an, et soit un cas d'aliénation sur 1,393 individus). Nous ne faisons pas figurer, dans ce chiffre, les individus chez lesquels des symptômes d'aliénation mentale existaient avant leur entrée dans la prison (1). »

Depuis le 20 mai 1852, la proportion des cas d'aliénation mentale a été sensiblement moins élevée. En effet, jusqu'au 20 mai 1860, on n'a constaté, à Mazas, que trente-six cas de folie, soit quatre et demi par an. Mais, comme durant cette période de huit années, la population flottante totale a été de 60,766 individus, il n'y a eu qu'un cas d'aliénation mentale sur 1,687 détenus. Ce résultat est plus favorable encore que celui que la Commission signalait déjà, en 1852, comme meilleur que ceux des prisons en commun.

Suicides. — Il y a eu, à Mazas, depuis l'installation des détenus, des suicides nombreux : **53**, qui se distribuent ainsi qu'il suit :

Années.	Décès.	Années.	Décès.
1850	3	1856	3
1851	8	1857	1
1852	5	1858	4
1853	9	1859	9
1854	5	1860	0
1855	6	(Jusqu'au 20 août.)	
		Total :	53

(1) Rapports de la Commission, p. 52 et 53.

Pour cet espace de dix années et deux mois, cela fait une moyenne de cinq suicides et une fraction par année. Avant d'aller plus loin, notons ici cette circonstance remarquable que, depuis onze mois, Mazas n'a pas été affligé d'un de ces tristes accidens ; le dernier suicide a eu lieu le 29 septembre 1859.

Ce nombre de suicides constitue-t-il contre l'emprisonnement individuel, et contre la prison de Mazas une objection sérieuse ? C'est ce qu'il s'agit d'examiner.

La Commission, qui s'était trouvée, au bout de deux années, en présence de 12 suicides, et d'une moyenne de 1 suicide sur 1,050 détenus ; et pour l'année 1851, seule, de 8 suicides, ou d'une moyenne de 1 suicide sur 1,006 détenus, la Commission n'était cependant pas arrivée à une conclusion défavorable au système et au pénitencier. Elle avait, en effet, rapproché le chiffre des suicides de Mazas de celui des suicides constatés dans le département de la Seine, et elle avait trouvé que, proportion gardée, il n'y avait pas une différence bien considérable ; elle en avait tiré la conséquence que le nombre des suicides accompli par les détenus n'avait rien qui dût surprendre, encore moins effrayer. Voici, sur ce point, les termes de son rapport :

« La prison Mazas, dans Paris, est peuplée d'individus nés à Paris ou dans le département de la Seine, ou qui y étant venus d'ailleurs, ont déjà, depuis plus ou moins longtemps, pris les mœurs et les habitudes au moins excessives de la population parisienne. Comparons donc, nous le devons, le nombre des suicides de la prison Mazas à celui des suicides du département de la Seine.

» La moyenne annuelle de tous les suicides constatés dans ce département, en 1846, 1847, 1848, est de 568. Sur ce nombre, les trois quarts, ou 426, doivent être attribués au sexe masculin.

» Or, la population totale du département de la Seine, calculée d'après les recensemens de 1836, 1841 et 1846, est de 1,222,142 individus.

» Il faut défalquer, d'abord, de ce chiffre les enfans au-dessous de dix ans, qui ne se suicident pas; il restera, en nombres ronds, au plus 1,050,000 individus. La moitié, et un peu plus de ce nombre, est pour la population mâle (il n'y a à Mazas que des hommes), 550,000 individus. Comparé à celui de 426, nombre des suicides mâles du département de la Seine, de 1846 à 1848, ce chiffre donne la proportion d'un suicide sur 1,291 habitans.

» En présence de ce chiffre, le nombre moyen des suicides de la prison Mazas, qui est annuellement de 1 sur 1,050 individus, ne paraît plus considérable, et, à coup sûr, il n'est pas anormal, pour une prison, s'entend; car, dans une prison quelconque, par toutes sortes de causes, chagrins, regrets, remords, perversité, violence excessive du cœur et de l'esprit, quelquefois perversion maladive de la raison, il doit y avoir plus de suicides que dans la société honnête et libre. La proportion, avant toute connaissance des faits, semblerait, sans trop d'exagération, pouvoir être portée jusqu'au double. Or, telle n'est pourtant pas, à beaucoup près, la proportion atteinte par le chiffre des suicides observés à Mazas, en 1850 et 1851 (1). »

(1) Rapport de la Commission, p. 45.

Aujourd'hui, c'est sur plus de dix années que por-
tent les observations et sur le nombre immense des
détenus qui ont séjourné à Mazas. Les calculs présen-
tent donc infiniment plus de certitude. Or, pendant ces
dix années, si le nombre total des suicides s'est élevé
à 53, celui des détenus a dépassé le chiffre de **73,000**,
ce qui ne donne plus qu'un suicide sur **1,371** détenus.
Maintenant, de 1853 à 1858, d'après les statistiques,
la moyenne annuelle des suicides mâles, dans le département de la Seine, a été de 463. Durant la même
période, d'après les recensemens de 1852 et de 1857,
la population totale de ce département s'est élevée à
1,574,742 individus. Si, comme l'a fait la Commission,
l'on défalque de ce chiffre d'abord un septiéme pour
les enfans au-dessous de 10 ans ; si, du surplus, ou de
1,350,000 individus on déduit environ 650,000 fem-
mes, il restera 700,000 hommes, sur lesquels la moyenne annuelle de 463 suicides donnera 1 suicide sur **1,512**
habitans. Cette proportion, on le voit, est encore plus
favorable à Mazas, que celle du rapport de la Commission pour les seules années 1850 à 1852.

Ainsi, 1 suicide sur **1,512** habitans de la population
libre de Paris ; 1 sur **1,371** hommes détenus à Mazas.
Cette proportion, assurément, loin de surprendre, encore moins d'effrayer, est telle que les esprits craintifs
doivent se sentir rassurés. Ce sentiment recevra une
nouvelle force, si l'on prend garde à la variation du
nombre des suicides, à Mazas, d'une année à l'autre,
et au peu de temps qui s'écoule, pour le plus grand
nombre, entre l'entrée en prison et la mort du détenu
qui vient à s'ôter la vie.

En effet, on a vu plus haut qu'en **1853** et en **1859** il
y avait eu 9 suicides ; en **1858**, 4 seulement ; 3 en **1856**
et en 1857 *un seul*. Pourquoi ces différences considérables ? Si les prisonniers se renouvellent, et plusieurs

fois durant la même année, la prison, elle, ne se modifie pas ; son action reste la même ; le nombre des suicides peut donc, jusqu'à un certain point, dépendre du personnel des détenus.

D'un autre côté, c'est surtout dans les commencemens de la détention que ces tristes accidens s'accomplissent ; sur 53 suicides, 33 ont eu lieu dans les vingt premiers jours, savoir : 11 dans les trois premiers ; 13 du quatrième au dixième jour ; 9 du onzième au vingtième.

L'impression produite par la vie cellulaire était-elle bien, dans ces cas, la cause efficiente du suicide ? N'y a-t-il pas là, dans une certaine mesure, l'effet moral qui résulte sur les esprits faibles et pervertis de l'action redoutable de la justice, accompagnée de la crainte du châtiment ?

Chaque année, dans les grandes villes, on constate un certain nombre de suicides accomplis dans les chambres de sûreté des corps de garde, où le séjour des individus arrêtés dépasse bien rarement quelques heures ; où le mouvement et le bruit viennent distraire le prévenu ; là, ces suprêmes résolutions ne sont pas causées par la détention solitaire.

Du reste il y a lieu d'espérer, je crois, que les suicides à Mazas sont arrivés à leur apogée, et que de nouvelles et sages précautions prises par l'administration auront pour résultat d'en diminuer singulièrement le nombre. Dans l'intérieur des cellules ont été enlevés aux détenus la plupart des moyens (ceux de la suspension) qu'ils employaient pour s'ôter la vie. C'est, en effet, à l'aide de la suspension que l'immense majorité des suicides (48 sur 53) s'est accomplie à Mazas. Ce procédé est le plus facile ; ses apprêts n'offrent rien d'effrayant, et dans ce cas l'action mortifère ne demande ni force physique ni grande énergie morale. Ce moyen ravi aux détenus, beaucoup de suicides ne pourront s'exécuter.

Rigueur du séjour à Mazas. — Enfin, dit-on, l'emprisonnement individuel, soit préventif, soit correctionnel, tel qu'il est subi à Mazas, est plus rigoureux que celui des établissements où les détenus sont enfermés dans des quartiers différens et classés seulement par catégories.

Plus rigoureux, oui sans doute, et beaucoup plus, quoique à Mazas, on l'a vu, une large part soit faite au bien-être du détenu.

Mais c'est là une nécessité sociale, et que, comme telle, il faut bien se résoudre à accepter ; la criminalité augmente et la crainte du châtiment diminue !

En effet, à l'égard d'un nombre immense de délinquans, que j'appellerai du premier degré, l'ordre social, par l'emprisonnement, subi en commun, n'est plus suffisamment protégé ; et, pour ma part, je suis persuadé que cette répression énervée a son influence sur l'accroissement du nombre des délits.

En 1859, devant la Cour impériale de Paris, M. le premier avocat général de Gaujal (1) avait pris pour texte du discours de rentrée : *l'Etat actuel de la répression pénale en France.* Après avoir fait ressortir la marche constamment ascendante de la criminalité dans notre pays (2), ce magistrat attribuait principalement ce

(1) Aujourd'hui président de Chambre.

(2) Cette marche ascendante, surtout en matière correctionnelle, n'est que trop évidente. Qu'on en juge par

déplorable état de choses à l'excessive indulgence des Tribunaux de tous les degrés. Cette cause existe, quoi qu'on en ait dit, mais elle n'est pas la seule, il y en a une autre tout aussi efficiente : l'insuffisante sévérité dans son application, de la pénalité ordinaire du premier degré, c'est-à-dire de l'emprisonnement correctionnel.

Subi dans les prisons départementales, quand il n'excède pas une année, ou même, si l'administration le permet, lorsqu'il est de plus longue durée, cet emprisonnement n'intimide pas, punit très peu et corrige moins encore. On sait comment, depuis la création

les chiffres suivans, puisés dans les statistiques officielles.
Voici le nombre des condamnés à la prison :

	En	
	1825	1858
Pour rébellion,	721	3,273
— vagabondage ou mendicité,	1,568	9 652
— coups et blessures,	5,521	12,961
— escroquerie,	456	2,896
— vol simple,	6,697	29,591
Total pour ces cinq délits,	14,963	58,379

A propos de cet accroissement énorme, on a fait observer que la Magistrature militante, celle qui est spécialement chargée de la recherche et de la poursuite des délits, était, en 1858, bien plus jeune et plus active qu'en 1825 ; qu'entre ces deux époques, on avait augmenté l'effectif de la gendarmerie, plus que doublé le nombre des commissaires de police, etc.; développement de personnel qui avait dû avoir une grande influence sur l'élévation du chiffre des poursuites. Cette observation a du vrai, mais il ne faut pas en exagérer la portée ; quelle qu'ait été cette influence, il est *impossible* que, seule, elle ait pu, durant cette période de 1825 à 1858, élever du *simple* au *quadruple* le nombre des délits que je viens d'énoncer.

(9 avril 1819), de la Société royale pour l'amélioration des prisons, à d'affreuses misères a succédé graduellement le bien-être des détenus ; on sait également que la sévérité du régime n'a pas fait les mêmes progrès, surtout dans les maisons départementales. « Les réformes ont été plus matérielles que morales, dit M. le président Bérenger (1). »

Dans la plupart de ces établissements l'insuffisance du local n'a pas même permis la division des prisonniers en catégories.

Ainsi, en 1853, M. le ministre de l'intérieur constatait (2) que, sur 396 maisons de justice et de correction, 60 seulement, outre 47 prisons cellulaires, 107 en tout, permettaient de séparer les détenus, en diverses catégories ; que dans 166 la séparation, par quartiers, était incomplète : que dans le reste, ou 123, cette séparation n'existait pas.

Ajoutons aux énervans résultats d'un tel milieu, lesquels sont principalement dus à la promiscuité :

Que, dans ces prisons, le silence n'est pas obligatoire ;

Que, hors les grandes villes, Paris en tête, le travail y est très rarement établi ;

Que les détenus y sont à portée de leurs proches et de leurs amis ;

Que ceux qui ont un peu d'aisance, y profitent, en outre, des adoucissemens du quartier de *faveur* ou de la *pistole*.

En cet état, l'emprisonnement devient une peine presque nominale, qui n'affecte réellement le condamné que lors de son entrée en prison. Les premiers

(1) *Répression pénale*, t. II, p. 194.

(2) Circulaire du 17 août 1853.

jours passés, ce détenu se trouve seulement dans une demeure désagréable, mais qu'il a l'espoir fondé de quitter dans un avenir prochain.

Est-ce bien là une punition véritable? Et cependant, quel châtiment lui substituer? Les coups? Nos mœurs ne permettent pas d'y songer. La transportation hors du territoire? Mais cela est encore moins praticable, à cause du nombre moyen des condamnés à l'emprisonnement correctionnel, qui dépasse, chaque année, 80,000.

Oui, sans doute, le bénéfice des circonstance atténuantes est trop fréquemment accordé par les magistrats aux délinquants d'habitude, aux récidivistes, et une modification très utile à l'article 463 du Code pénal, serait à l'exemple de la règle au grand criminel, une limite posée à l'indulgence exagérée des Tribunaux. Mais avec non moins d'insistance et de conviction, j'ajoute que l'emprisonnement correctionnel ne sera réellement efficace que lorsqu'une mesure viendra, pour son application, généraliser, dans l'empire, la sévérité salutaire qui s'observe à Mazas, indépendamment des autres avantages que présente cet établissement.

AVANTAGES DE MAZAS.

J'ai répondu, ce me semble, avec les faits, aux principales objections adressées à Mazas. Je dois, maintenant, passer en revue les avantages que présente cette prison sur celles où l'emprisonnement est subi en commun; ces considérations termineront mon travail.

D'abord, il s'agit de la discipline et de la sûreté de la maison. Avec la cellule de jour et de nuit, pas de troubles, encore moins de révoltes à redouter, pas d'évasions possibles. Depuis les commencemens de Mazas, on n'a compté qu'une seule tentative sérieuse d'évasion. Le 2 février 1860, un ouvrier serrurier, pourvu des outils puissans de son état, était parvenu, en sciant un barreau de sa cellule, à descendre dans l'un des préaux; puis il avait pénétré dans l'égout, et là, arrêté par un grille formidable, il avait reconnu l'inutilité de son entreprise et était rentré paisiblement dans sa cellule.

Ensuite, la Commission d'examen l'avait déjà fait remarquer, Mazas met les détenus à l'abri de tout contact avec des hommes qui pourraient, plus tard, exploiter contre eux le souvenir d'une captivité commune; et pour des hommes mis en liberté, soit avant, soit après le jugement, même condamnés à une peine légère, ce n'est pas là un mince avantage. Retrouvés, reconnus dans le monde par un compagnon de captivité, qui manquera de générosité ou de présence d'esprit à leur égard, ce passage dans une prison, signalé de la sorte, sera pour eux une tache indélébile, lors même que ce passage trouverait l'explication la plus satisfaisante et la plus naturelle.

Puis, l'emprisonnement individuel comme peine, est l'application inévitable du grand principe de l'égalité devant la loi. Dans la prison en commun, au contraire, c'est l'inégalité qui domine, et de la façon la plus choquante. Là, comme dans l'état de liberté, et plus encore, peut-être, la fortune prend le pas; la situation des délinquans aisés ne ressemble en rien à celle des autres, alors qu'entre les prisonniers il ne devrait y avoir d'adoucissement qu'au profit de la bonne conduite, du travail et du repentir !

En quatrième lieu, la séparation des prévenus facilite extrêmement l'œuvre des juges d'instruction. Les magistrats qui se sont occupés des affaires criminelles connaissent l'influence des conseils de prison, du concert des détenus entre eux. Ce qu'on appelle le *secret* y pourvoit sans doute; mais cette mesure rigoureuse ne peut être employée qu'exceptionnellement et pour un temps fort court, et, dans une prison commune, son exécution n'est pas très facile.

En cinquième lieu, la cellule rend toujours possibles, et souvent profitables les rapports des ministres de la religion avec les détenus. Ces derniers les désirent, en général, loin de les repousser. La venue de l'aumônier à Mazas est, je l'ai dit, attendue avec une sorte d'impatience. Le tête-à-tête rend toute leur influence aux consolations et aux conseils du prêtre charitable, autant qu'indulgent. Dans la prison en commun, l'entretien de l'aumônier n'est pas souhaité ; il jouit de peu de faveur; il est promptement oublié.

Enfin, et cet avantage, à mes yeux, surpasse tous les autres, à Mazas ne peut exister, sous aucune aucune forme, la promiscuité, cette pierre d'achoppement de l'emprisonnement en commun. Pour abolir cet emprisonnement, il suffirait du motif de la promiscuité. C'est par là que ce système se heurte fatalement à des lois nécessairement protectrices de la santé, de la morale, de l'ordre public.

Il existe, en effet, concernant la contagion des maladies pestilentielles, des défenses sanctionnées de châtimens qui s'élèvent jusqu'à la peine capitale (loi du 3 mars 1822, sur la police sanitaire);

Et l'emprisonnement en commun livre à la contagion du vice et du crime les détenus qu'il concentre.

La corruption de la jeunesse mineure dans le monde est sévèrement réprimée (Code pénal, article 334);

Et dans la prison commune, elle est plus facile et demeure impunie.

En état de liberté, les personnes les plus honorables ne peuvent, même dans un but charitable ou religieux, se réunir au nombre de plus de *vingt*, à des jours marqués, sans l'autorisation du Gouvernement (Code pénal, art. 291);

Et l'emprisonnement en commun rassemble, par centaines, des récidivistes, des condamnés plus ou moins dangereux, et les parque dans les mêmes ateliers, les mêmes cours, les mêmes dortoirs, où peuvent, à souhait, se concerter de nouveaux délits, de nouveaux complots.

Ces rapprochemens sont-ils exagérés, ou manquent-ils de preuves? Je ne voudrais, pour les justifier, que faire un appel aux hommes que leurs fonctions ou leurs études ont mis en rapport avec nos prisons, et leur témoignage ne serait ni tardif, ni douteux. Mais que l'on me permette de citer quelques documens récens, dont je puis attester l'exactitude; j'y joindrai, ensuite, des exemples anciens qui viendront les confirmer.

J'interrogeais un ancien directeur de prison commune sur la promiscuité au point de vue des mœurs. Avant de me répondre, ce fonctionnaire tira de son bureau et mit devant moi une masse d'écrits, prose et vers, *illustrés* de nombreux dessins, monstrueux produits d'imaginations impures, nourries dans la fange. En moins de deux années (1857-58) on les avait saisis dans des dortoirs communs, auxquels cependant la surveillance ne faisait pas défaut. « Voilà, me dit ce directeur, comment, dans les prisons communes, les vétérans de la débauche attaquent les prisonniers jeunes et nouveaux venus. Par ces écrits, par ces dessins, vous pouvez supposer ce qui se passe dans les dortoirs quand les portes en sont closes. »

Au mois de mai 1860, la Cour d'assises de la Seine avait à juger 19 accusés à qui l'on reprochait, comme auteurs ou complices, 91 vols commis à l'aide d'effraction ou d'escalade, en plein jour pour la plupart, plus, de nombreux larcins du ressort de la police correctionnelle. Sur ces 19 accusés, dont la jeunesse apitoyait les magistrats, 17, condamnés récemment à quelques mois de prison pour de simples délits, avaient subi leur peine dans deux maisons départementales, à Paris. C'est là qu'avaient été concertés les premiers des vols infiniment plus graves et bien plus nombreux qu'ils exécutèrent aussitôt après leur sortie de prison. Enfermés à Mazas, je demande s'ils auraient pu seulement songer à de tels complots ?

Cette affaire et son origine en rappellent d'autres qui ont pris une place sanglante dans l'histoire. Ici je laisse parler M. le président Bérenger :

« En 1834, disait ce magistrat à la Chambre des pairs (1), une instruction judiciaire révéla que ce fut

---

(1) Rapport du 24 avril 1847, à la Chambre des pairs; in-8°, p. 101.

à la prison de Sainte-Pélagie, où étaient détenus et où vivaient en commun les principaux chefs d'une société tristement célèbre par ses tendance anarchiques, que s'étaient tramés les événemens d'avril.

» Il résulte d'une autre procédure, que les deux principaux complices de l'attentat Fieschi (juillet 1835), avaient été en relations avec les détenus de Sainte-Pélagie, et leur avaient demandé de leur fournir des armes pour l'exécution de leurs abominables projets (1). »

« On pourrait, dit encore M. Bérenger (2), on pourrait ajouter, en remontant plus haut, d'après le témoignage de Buonarotti, qui prit une si grande part à tous les complots de son temps, que ce fut dans les prisons de Paris que s'ourdirent tous ceux qui éclatèrent dans les IIIe et IVe années de la république, notamment la conspiration de Babeuf, dont il fut l'un des principaux complices ; que les acteurs de ces complots s'y étaient rencontrés, et que de ces prisons avaient jailli, comme des étincelles électriques (ce sont ses termes), tous les mouvements populaires de ces tristes époques ; Buonarotti affirme que l'insurrection du 1er prairial (envahissement de la Convention ; assassinat du député Féraud) n'eut pas d'autre source. »

Telles sont, autant que les limites nécessairement restreintes de ce travail l'ont permis, telles sont mes observations sur Mazas, accrues de celles d'esprits éminens qui ont porté, comme moi et plus que

(1) Rapport du 24 avril 1847, à la Chambre des pairs ; in-8°, p. 101.

(2) *De la Répression pénale* (en France), 1855, t. II, p. 200.

moi, leur attention sur l'application de l'emprisonnement individuel. Une étude semblable, faite sur les
autres prisons cellulaires de l'Empire, qui sont au
nombre de 48 (1), achèverait de porter la lumière sur
le difficile problème que présente la peine de la prison
dans son mode d'exécution. Je me plais à croire que
ces observations locales seraient favorables à l'emprisonnement individuel. Il en avait été ainsi, en 1846,
lorsque la Chambre des pairs étant saisie du projet de
loi sur la réforme des prisons, le ministre de l'intérieur mit sous les yeux de la commission de cette
Chambre, des rapports sur la situation intérieure de
chacune des 17 maisons cellulaires départementales de
l'époque; rapports spéciaux demandés aux préfets,
aux directeurs, aux aumôniers, aux médecins, afin de
pouvoir les contrôler les uns par les autres.

« Là se reproduisit, dit M. Bérenger (2), tout ce que
nous avons constaté : amélioration progressive , santé
maintenue et améliorée; tranquillité d'esprit propre à
éloigner les cas d'aliénation ; épreuve redoutable aux
criminels endurcis , douce aux âmes secrètement im-
patientes de se réconcilier avec elles-mêmes ; infractions légères; rares punitions.

» Ce qui frappait le plus dans ces rapports, c'était
les progrès de l'opinion relativement au système. D'a-
bord, cette opinion lui était contraire. En plusieurs
lieux, les membres des commissions de surveillance
avaient eux-mêmes montré des préventions défavorables ; mais à mesure que les faits. avaient parlé, ces
préventions s'étaient dissipées, et maintenant le système rencontrait de toutes parts autant de partisans
qu'il comptait précédemment de détracteurs. »

(1) *De la Répression pénale* (en France), t. II, p. 278.
(2) Même ouvrage, t. II, page 279

L'opinion de M. le président Bérenger, sur l'emprisonnement individuel, a encore cela de remarquable
qu'elle s'est formée peu à peu et d'après l'évidence des
faits. « Nous aussi, ajoute ce magistrat à une époque
où le régime de l'isolement était imparfaitement
connu et n'avait point été suffisamment expéri-
menté, nous doutions de son efficacité ; et dans un
écrit publié, en 1837 (1), on put voir notre hésitation.
Mais l'expérience faite sous nos yeux dans le pénitentiaire de la Roquette (janvier 1838 à janvier 1840), expérience que, comme membre de la Commission de
surveillance de cette maison, nous suivîmes jour par
jour, nous ramena à une autre opinion, dans laquelle
des études plus suivies nous confirmèrent complète-
ment (2). »

Ma conclusion finale est celle de M. Bérenger: l'application de la cellule telle qu'elle existe à Mazas ,
avec les modifications et les adoucissemens qui s'y
observent, aux condamnés à l'emprisonnement correctionnel. Lorsque l'on voudra l'entreprendre, cette
application ne sera pas difficile à régulariser : il suf-
fira d'un simple article de loi. Seulement cette disposition, à l'exemple du projet *sur la réforme des prisons*,
adopté en 1844, devra tenir compte aux condamnés,
placés en cellule, d'une certaine durée en sus de la

(1) *Des moyens propres à généraliser en France le système
pénitentiaire*, 1837, in-8°, 3e édit.

(2) M. Bérenger (*Répression pénale*, t. II, p. 259-262)
rapporte de remarquables délibérations de 1853 des conseils généraux de la Seine et de Seine et-Oise, toutes favorables à l'emprisonnement individuel ; je rappellerai,
dans le même sens, une délibération de celui de l'Isère,
du 30 août 1856.

captivité réellement subie de la sorte. Ce projet (art. 33) fixait à un quart cette durée à défalquer de l'emprisonnement prononcé ; je crois qu'elle pourrait être portée plus loin, peut-être même jusqu'à la moitié ; la rigueur de la cellule me semble justifier cette déduction.

Et alors, on arriverait à un résultat bien désirable, outre une grande économie, savoir, de rendre plutôt un père de famille à ses enfans, un ouvrier à son travail, l'un et l'autre plus réellement punis, plus véritablement intimidés.

Nos prisons actuelles, malgré la durée de la détention que l'on y subit, n'intimident ni ne corrigent. Quelle utilité y a-t-il donc à y tenir si longtemps des condamnés ? Ne vaudrait-il pas mieux, tout à la fois, en aggravant le châtiment, en abréger la durée ?

Mazas, tel qu'il est aujourd'hui, malgré le petit nombre de condamnés qu'il renferme, me semble la réalisation anticipée de cet ordre d'idées, et, cependant, cette prison, il faut le reconnaître, se trouve dans des conditions bien défavorables à cause de son immense étendue. La surveillance de 1,200 détenus, en cellule, est une tâche qui dépasse les forces ordinaires d'un homme. Pourtant, Mazas existe, Mazas fonctionne à souhait.

Au lieu de construire des prisons sur un plan si vaste, qu'on les réduise à la moitié, au plus, et ainsi sera évité, dans l'application, l'inconvénient le plus sérieux du système de l'emprisonnement individuel.

Paris. Imprimerie de Dubuisson et Cᵉ, rue Coq-Héron, 5. (1010

PARIS. — IMPRIMERIE DE DUBUISSON ET Cᵉ, RUE COQ-HÉRON, 5.